Usborne

캠핑부터 관찰까지

신나는 자연 학습

Usborne

캠핑부터 관찰까지

신나는 자연 학습

앨리스 제임스, 에밀리 본 글 • 브라이어니 메이 스미스 그림
헬렌 에드먼즈, 애나 굴드 디자인 • 로라 맥코넬 감수

목차

- 6   드넓은 야외로 나가요!

11   바닷가와 강가 체험
- 12   바닷가
- 14   바닷가 활동
- 16   강가 활동
- 18   생물 관찰하기, 둑 만들기

21   야생동물 관찰
- 22   야생동물 찾기
- 24   곤충 관찰하기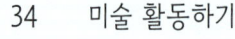
- 26   들새 관찰하기

29   나무 관찰
- 30   나무 살펴보기
- 32   장애물 넘기, 표식 만들기
- 34   미술 활동하기

37 숲 속 캠핑
38 캠핑 준비하기
40 텐트 만들기
42 모닥불 요리
44 길 찾기
46 신호 보내기

49 날씨에 맞는 활동
50 구름 관찰하기
52 비나 눈이 오는 날
54 화창한 날

57 야간 관찰
58 야행성 동물 관찰하기
60 별 관측하기

62 낱말 풀이
64 찾아보기

드넓은 야외로 나가요!

집 근처나 공원, 넓은 바닷가, 깊은 숲 속 등 야외에는 날씨에 상관없이 관찰하고,
탐험할 수 있는 것들이 많아요. 야외로 나갈 땐 어른과 꼭 함께 다녀야 해요.

이 책을 읽는 방법

이 책은 탐험할 장소와 대상을 여러 부분으로 나누어 살펴보고 있어요.

오른쪽 장면은 '숲 속 캠핑' 중 '캠핑 준비하기'를 설명하고 있는 부분이에요.

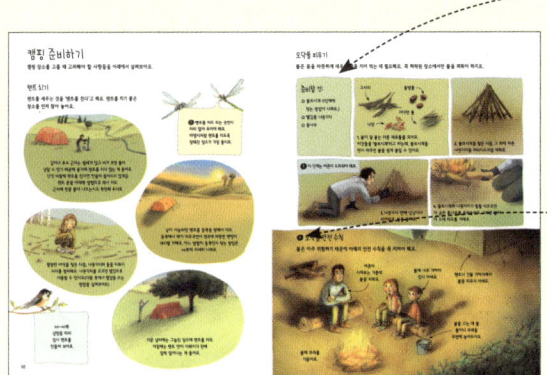

'준비할 것'에는 탐험할 장소나 활동에 필요한 준비물이 나와 있어요.

! 표시는 주의 깊게 살펴보세요. 안전하게 여행하고 환경을 보호하기 위해 지켜야 할 중요한 사항들을 알려 주거든요.

야외 활동에는 꼭 전문적인 장비가 필요하지 않아 간편하게 즐길 수 있어요.
하지만 하루 종일 밖에 있거나 집에서 먼 곳으로 캠핑을 떠난다면 여러 가지 물건이 필요하지요.
이때 가져가면 유용한 물건들을 살펴보아요.

- 지도
- 깔고 앉거나 비를 막아 줄 방수 재질의 담요
- 먹을거리
- 뜨거운 햇볕을 가릴 모자
- 물

❗ 안전 수칙

야외에 나가면 안전이 가장 중요해요. 위험을 피하고 환경을 보호하는 방법을 8쪽과 9쪽에서 살펴보아요.

그리고 반드시 어른과 함께 다녀요.

❗ 휴대폰의 배터리를 넉넉히 채워 두어야 응급한 상황에 대처할 수 있어요.

식물과 동물을 발견했을 때 바로 특징을 적거나 그릴 수 있는 노트와 연필을 챙겨요.

비에 젖지 않는 우비

추위를 막을 따뜻한 모자

미끄럼 방지 처리된 방수 신발

영국의 여행가인 앨프리드 웨인라이트가 말했어요. "나쁜 날씨란 없다. 그저 나쁜 옷차림이 있을 뿐이다."

❗ 자연 보호하기

야외에서는 자연을 보호하는 일도 아주 중요해요.
어떤 방법이 있는지 알아볼까요?

야생 동물이나 동물의 집에 손대면 안 돼요.
동물이 다치거나 집이 망가질 수 있고,
동물에게 쏘이거나 물려 다칠 수도 있어요.

만약 가축을 기르는 농장
주변을 지나가야 한다면,
동물들이 놀라지 않게 아주
조용하고 차분하게 걸어가요.

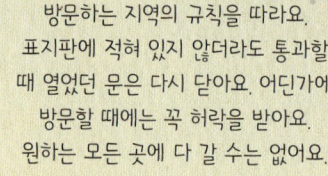

문을 닫으세요.

방문하는 지역의 규칙을 따라요.
표지판에 적혀 있지 않더라도 통과할
때 열었던 문은 다시 닫아요. 어딘가에
방문할 때에는 꼭 허락을 받아요.
원하는 모든 곳에 다 갈 수는 없어요.

꽃이나 풀 등 식물을 꺾으면 안 돼요.
식물이 죽을 수 있고, 어떤 곳에서는
법률에 어긋나서 처벌을 받을 수도 있어요.

발견한 물건은 원래 장소에
다시 돌려놓고, 쓰레기는 도로
가져가요. 모든 것을 처음 봤던
상태 그대로 남겨 두어요.

이 책에는 작은 동물을 잡아 관찰하는
방법이 나와 있어요. 동물을 관찰한 뒤에는
꼭 발견했던 장소에 안전하게 놓아 주세요.

바닷가와 강가 체험

바닷가와 강가에는 온갖 종류의 생물들이 살고 있어요.
생물들을 관찰하고 물이 어떻게 흘러가는지 볼 수 있지요.
물가에서 어떤 활동들을 할 수 있는지 알아보아요.

바다

☆ 조수 웅덩이 관찰하기
☆ 게 잡기
☆ 바닷가 관찰하기
☆ 모래사장 관찰하기
☆ 물수제비 뜨기
☆ 모래 다트 게임하기
☆ 양동이 채우기 시합하기
☆ 조류 기록하기

강과 호수

☆ 강 깊이 알아보기
☆ 뗏목 만들기
☆ 뜰채로 생물 건지기
☆ 개울둑 만들기
☆ 막대기 경주하기

바닷가

바닷가에 나가 첨벙첨벙 웅덩이를 밟고, 푹푹 발이 빠지는 해변을 걷고, 딸깍딸깍 움직이는 게를 잡아요. 또한 다양한 활동을 할 수 있어요.

조수 웅덩이

조수 웅덩이는 바닷물이 들어왔다가 빠져나가지 못하고 고인 작은 물웅덩이에요. 웅덩이에서 볼 수 있는 생물들을 살펴보아요.

18쪽 '뜰채로 건지기'를 따라 생물들을 잡아 보세요.

게 잡기

미끼를 이용해 게를 잡으면 게를 더 자세히 살펴볼 수 있어요.

준비할 것:
☆ 팔 길이만큼 기다란 끈 한 줄
☆ 작은 돌이나 자갈 한 개
☆ 미끼로 쓸 작은 빵이나 치즈 조각, 잘게 자른 생선이나 베이컨 등
☆ 바닷물을 채워 그늘에 둔 양동이

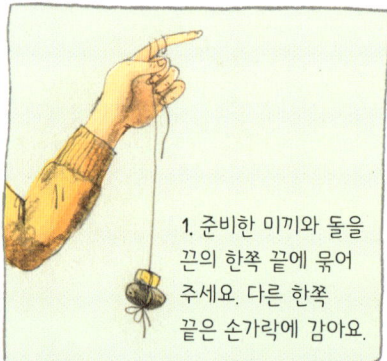

1. 준비한 미끼와 돌을 끈의 한쪽 끝에 묶어 주세요. 다른 한쪽 끝은 손가락에 감아요.

2. 미끼와 돌을 물속에 담가요. 게가 미끼를 물면 팽팽한 느낌이 들 거예요. 천천히 끈을 들어 올려요.

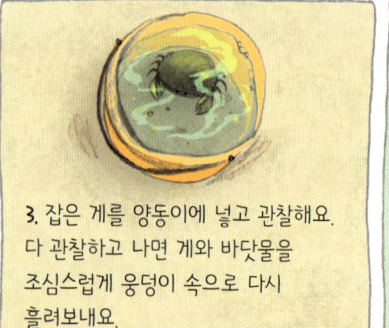

3. 잡은 게를 양동이에 넣고 관찰해요. 다 관찰하고 나면 게와 바닷물을 조심스럽게 웅덩이 속으로 다시 흘려보내요.

게의 배를 보면 암컷인지 수컷인지 알 수 있어요.

바닷가 활동

바닷가에서 할 수 있는 놀이나 활동을 알아보아요.

물수제비 뜨기

바다를 향해 돌을 던져요. 돌이 가라앉기 전에
수면 위에서 최대한 많이 튕기도록 던져 보세요.

준비할 것:

☆ 납작하고 동그란 돌

☆ 파도가 높지 않은
  잔잔한 바다

❗ 돌을 던지기 전에
여러분 앞에 수영하는
사람이나 동물이 없는지
꼭 확인해요.

물수제비 뜨기에 좋은 돌은
이 돌처럼 납작하고 매끄러워요.

1. 물에 잘 가라앉지 않고 튕길 것 같은 돌을
해변에서 찾아요. 여러 번 던질 수 있도록
여러 개를 모아 둬요.

2. 엄지손가락과 집게손가락
사이로 돌을 쥐어요.

3. 바다를 옆에 두고 서서
돌을 던져요. 이때, 던지는
동시에 손목을 튕겨 돌이
회전하며 날아가도록 해요.

물수제비 시합

돌을 열 번 던져 누가 더 여러 번
돌을 튕기는지 친구와 겨뤄 보아요.
세계 신기록을 세운 물수제비
횟수는 88번이에요!

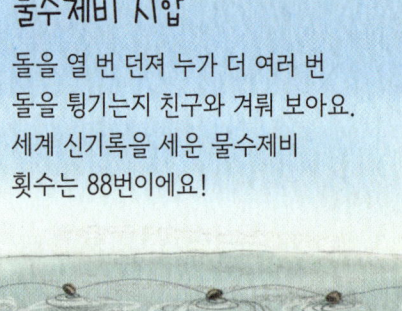

모래 다트

막대기로 과녁의 중심이 될
원을 그려요. 그다음, 원을
둘러싸는 더 큰 원을 네 개
더 그려요. 맨 바깥쪽 원에서
다섯 발자국 떨어진 자리에
서서 과녁의 중심을 향해
돌을 던져 보아요.

돌이 떨어진 위치에 따라 점수가 달라져요. 돌이 떨어진 곳이 가장 바깥쪽 원이면
1점, 더 안쪽 원일수록 2점, 4점, 6점이고, 과녁의 중심인 경우 10점을 얻지요.
다섯 번 던져서 나온 점수를 모두 더해 가장 높은 점수를 얻은 사람이 이겨요.

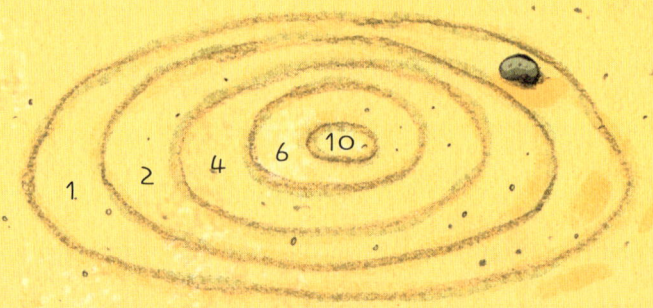

양동이 채우기 시합

같은 수로 편을 가른 다음, 편마다 양동이를 한 개씩 해변에 놓아요. 각 편은 컵을 든 채로 양동이 옆에 한 줄로 서요.
'시작!'하고 소리치면 각 편의 첫 번째 사람이 컵에 바닷물을 담아 와서 양동이에 바닷물을 쏟아요.
그다음 사람들이 차례대로 바닷물을 퍼 날라요. 더 빨리 양동이를 가득 채우는 편이 이겨요.

준비할 것:
☆ 같이 시합할 사람 네 명 이상
☆ 양동이 두 개 이상
☆ 사람 수만큼의 컵

더 어려운 게임을 하려면 컵 대신 손을 사용해 보아요.

조류 기록하기

바닷가에 오랜 시간 머물다 보면, 바다가 아주 멀어지기도 하고 가까워지기도 하는 것을 보게 될 거예요.
이런 현상을 '조류'라고 해요. 아래 활동을 통해 언제 조류 현상이 나타나는지 알아보아요.

1. 파도가 잔잔할 때 막대기를 물 가장자리에 꽂아 두어요.

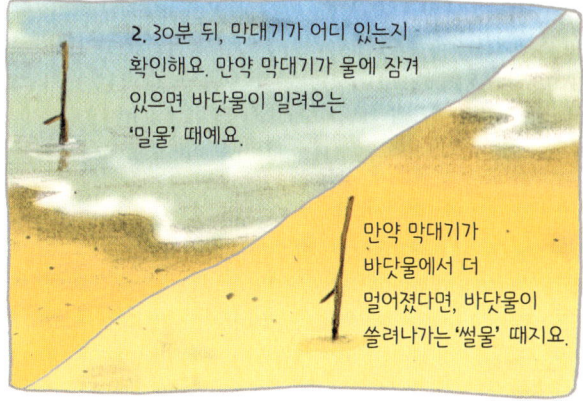

2. 30분 뒤, 막대기가 어디 있는지 확인해요. 만약 막대기가 물에 잠겨 있으면 바닷물이 밀려오는 '밀물' 때예요.

만약 막대기가 바닷물에서 더 멀어졌다면, 바닷물이 쓸려나가는 '썰물' 때지요.

3. 30분마다 물가에 막대기를 꽂아요. 만약 바닷물이 점점 밀려오면 이전에 '간조'에 이르렀었고, 쓸려나가면 이전에 '만조'에 이르렀었다는 뜻이에요.

간조는 바닷물이 가장 많이 빠진 때예요.
만조는 바닷물이 가장 많이 들어온 때예요.

강가 활동

강은 산골짜기부터 넓은 바다까지 흘러가요. 강에 가면 강 주변을 둘러보고,
강에서 살아가는 다양한 동식물을 살펴볼 수 있어요.

❗ 강은 위험한 곳이어서 항상 어른과 다녀야 해요. 강을 건널 땐 다리 위로 건너요. 가파른 강둑에는 가까이 가지 마세요. (9쪽에도 안전 수칙이 나와 있어요.)

강줄기가 곧고 물이 빠르게 흐르나요? 아니면 굽이굽이 느리게 흐르나요? 강물이 느리게 흐르고 강줄기가 구불구불할수록 바다에 더 가까워요.

물새와 물새 둥지를 찾아보아요.

미니 뗏목을 만들어 보아요. 만드는 방법은 오른쪽에 나와 있어요.

강의 깊이를 재는 도구를 만들어요. 아래의 설명을 따라 강 곳곳의 깊이를 알아 보아요.

물속과 강둑의 동식물을 찾아보아요.

강이 얼마나 깊을까요?

준비할 것:
☆ 막대기 한 개
☆ 다리 길이만큼 기다란 끈 한 줄
☆ 돌멩이 한 개

1. 막대기에 끈을 묶어요. 끈의 끝에 돌멩이를 매달아요.

2. 강바닥까지 돌멩이가 닿도록 막대기를 내린 다음 다시 들어 올려요. 만약 돌이 강바닥에 닿지 않는다면 강의 깊이가 아주 깊은 거예요.

여기까지 젖었어요.

3. 끈이 젖어 있는 부분까지가 강의 깊이예요.

뗏목 만들기

나뭇가지와 끈을 이용해 작은 뗏목을 만들어 강에 띄워요.
갑판과 돛을 더해 작은 배처럼 만들 수도 있어요.

준비할 것:
☆ 잔가지 네 개
☆ 끈 네 줄
☆ 가위
☆ 나무껍질, 이끼, 잎사귀 등

1. 잔가지 네 개로 네모 모양을 만들어요.

2. 잔가지가 맞닿은 지점의 안쪽에 끈을 감아 매듭을 지어요.

3. 서로 맞닿은 잔가지를 끈으로 두 번 감아 묶어요.

4. 끈을 교차하여 두 번 감아 묶어요. 그다음, 끈의 양 끝을 묶어 단단히 고정해요. 묶고 남은 끈은 잘라서 버려요.

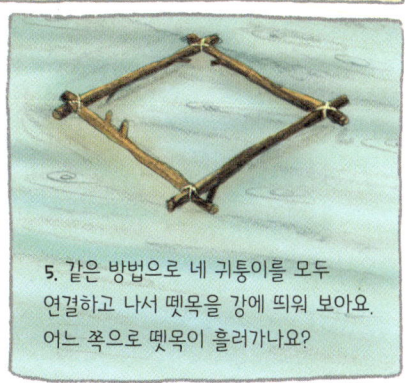

5. 같은 방법으로 네 귀퉁이를 모두 연결하고 나서 뗏목을 강에 띄워 보아요. 어느 쪽으로 뗏목이 흘러가나요?

뗏목을 배처럼 멋지게 꾸미고 싶다면 아래 방법을 따라해 보아요.

잎을 달아 두 개의 돛을 만들어요.

뗏목에 더 많은 나뭇가지를 엮어서 바닥을 만들어요.

어떤 잎을 돛으로 다는지에 따라 배가 나아가는 속도가 달라요. 큰 잎과 작은 잎, 뻣뻣한 잎과 부드러운 잎 등 여러 가지 잎으로 시험해 보아요. 어떤 잎을 달아 놓은 배가 더 빠르게 움직이나요?

나무껍질로 튼튼한 갑판을 더할 수 있지요.

이끼를 채워도 좋아요.

생물 관찰하기, 둑 만들기

강이나 연못에 어떤 생물이 사는지 살펴보아요.
둑을 만들면 강물의 흐름이 어떻게 변하는지도 알아보아요.

뜰채로 건지기

뜰채를 물속에 담고 작은 원을 그리듯 저어요.
뜰채로 건진 것들을 모두 통에 쏟은 다음,
자세히 들여다보아요.

준비할 것:

☆ 뜰채
☆ 민물을 채운 양동이나 커다란 통

- 소금쟁이
- 많은 식물들이 물속에서 뿌리를 내리고 자라나요.
- 대부분의 동물들은 식물 사이에 숨어 몸을 보호하고 연못이나 강 가장자리에 살아요.
- 우렁이
- 개구리의 알은 개구리 알이라고 불러요.
- 개구리 알에서 올챙이가 자라나고, 올챙이는 새끼 개구리로 자라나요.
- 민물 새우
- 다음에 다시 보면 알아볼 수 있도록 잡은 생물의 특징을 살펴보고 기록해 놓아요.
- 몸통의 생김새
- 날개 또는 지느러미
- 다리 개수
- 작은 물고기

❗ 잡은 생물을 다 관찰한 뒤에는 안전한 물가에서 조심스럽게 놓아주세요.

개울둑 만들기

개울을 가로질러 바위와 나뭇가지를 켜켜이 쌓아 물이 흐르는 것을 막아 보세요. 폭이 좁고 깊이가 얕은 개울에서는 손쉽게 튼튼한 둑을 만들 수 있어요. 둑을 다 만들고 난 다음, 뜰채를 이용해 물속에 어떤 생물이 있고 개울 바닥에 무엇이 남아 있는지 알아보아요.

준비할 것

☆ 작은 개울
☆ 통나무, 나뭇가지, 커다란 돌, 작은 돌멩이
☆ 진흙, 잎사귀

1. 통나무와 커다란 돌을 개울을 가로질러 한 줄로 길게 쌓아요.

2. 개울물보다 더 높아질 때까지 나뭇가지와 돌멩이를 쌓아요.

3. 틈새로 물이 새지 않도록 빈틈을 진흙과 잎사귀, 잔가지 등으로 채워 주세요.

빈틈을 막은 진흙과 잎사귀

작은 나뭇가지와 돌멩이

통나무와 커다란 돌로 만든 단단한 토대

개울 바닥에 남아있는 동물이나 식물이 있나요?

❗ 자리를 떠나기 전에 둑을 무너뜨려요.

> 비버는 나뭇가지와 진흙으로 둑을 만들고 물속에 보금자리를 마련해요. 물 밖의 천적이 가까이 오지 못하지요.

막대기 경주

친구와 함께 다리에서 개울물이 내려오는 쪽을 바라보며 각자 동시에 막대기를 떨어트려요. 그런 다음, 반대편을 향해 서서 누가 던진 막대기가 더 빨리 흘러가는지 보아요.

최고의 경주용 막대기는 길고 무거운 막대기예요.

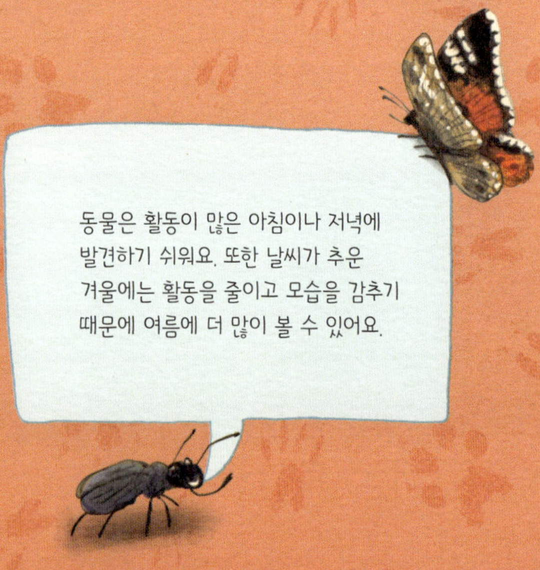

동물은 활동이 많은 아침이나 저녁에
발견하기 쉬워요. 또한 날씨가 추운
겨울에는 활동을 줄이고 모습을 감추기
때문에 여름에 더 많이 볼 수 있어요.

야생 동물 관찰

야생 동물을 관찰할 수 있는 방법을 알아보아요. 어떤 야생 동물이 어디에 나타나는지 관찰한 다음, 동물이 쉬어갈 장소를 마련하고 먹이를 놓아 보세요.

- ☆ 발자국 관찰하기
- ☆ 야생 동물 관찰하기
- ☆ 곤충 채집하기
- ☆ 꽃 기르기
- ☆ 벌집 만들기
- ☆ 은신처 만들기
- ☆ 오래된 나무 놓아두기
- ☆ 들새 관찰하기
- ☆ 새 모이통 만들기
- ☆ 새 물통 놓기
- ☆ 둥지 재료 준비하기

동물들을 관찰할 때는 주위 환경에 모습을 숨길 수 있게 어둡고 헐렁한 옷을 입는 것이 좋아요.

야생 동물 찾기

야생 동물을 찾기 위해 꼭 멀리 나갈 필요는 없어요.
집 근처나 공원에서 야생동물을 관찰할 수 있는
몇 가지 활동들이 있답니다.

발자국 관찰하기

밤에 움직이는 동물들의 발자국을 알아보기 위해서 간단한 장치를 만들어 보아요.

준비할 것:
☆ 넓적하고 얕은 상자
☆ 모래나 흙

1. 저녁에 상자를 동물이 지나갈 만한 장소에 놓고 모래로 채워요.
상자를 울타리나 문에 난 구멍 근처에 놓아두어요.

2. 하룻밤 지나 다음날 아침에 어떤 발자국이 있는지
살펴보아요. 발자국을 책에 나온 발자국 모양과
비교해서 어떤 동물의 발자국인지 알아보아요.

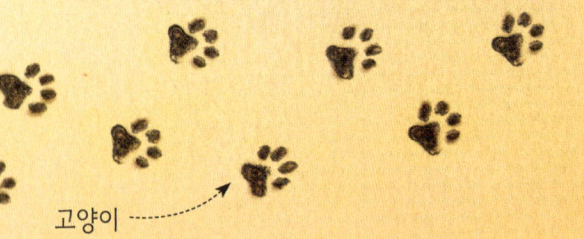

연못의 물가에 상자를 놓아
개구리나 물새 등 물에 사는
동물들의 발자국을 관찰해 보아요.

야생 동물 관찰하기

야생 동물을 관찰하기 위해 덫을 놓아
잡지 않아도 돼요. 야생 동물이 다니는
장소에 몸을 숨기고 가만히 주위를 관찰해
보아요. 발견한 동물이 무엇인지 알 수 없을
때는 특징을 메모해 두었다가 인터넷을
검색해서 찾아보세요.

곤충 채집하기

덫을 이용해서 곤충을 잡아 더 자세히 관찰해 보아요. 관찰이 끝난 후에는 곤충이 들어 있는 컵을 땅에 놓고 곤충이 기어 나오기를 기다려 조심스럽게 놓아주세요.

준비할 것:
- ☆ 모종삽
- ☆ 플라스틱 컵 한 개
- ☆ 돌 두 개
- ☆ 나무 조각 또는 낡은 타일 하나

1. 땅에 작은 구덩이를 파고 컵을 놓아요. 컵의 윗면이 지면과 같은 높이에 있거나 더 깊이 들어가도록 놓아두어요.

2. 구덩이 가장자리에 돌을 놓고 위를 나무 조각이나 타일로 덮어요. 몇 시간 동안 그대로 둔 다음, 무엇을 잡았는지 확인해 보아요.

아래 그림을 보고 어떤 종류의 곤충을 잡았는지 알아보아요.

노래기 — 기다란 몸통과 여러 개의 다리

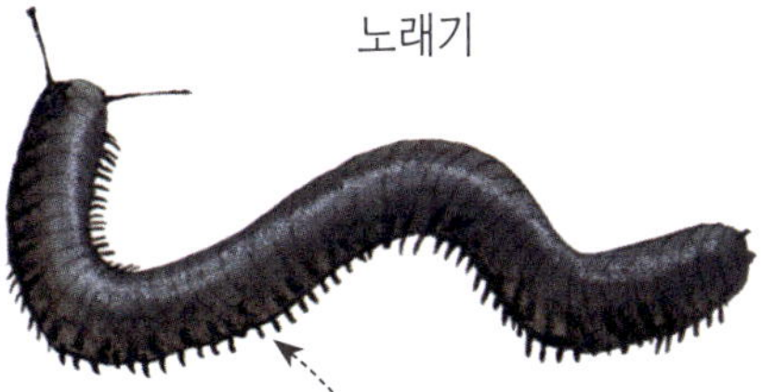

딱정벌레 — 딱딱하고 매끄러운 껍데기, 여섯 개의 다리

애벌레 — 기다란 몸통에 털이 가득 덮여 있어요. 밝은 색과 화려한 무늬의 애벌레도 있어요.

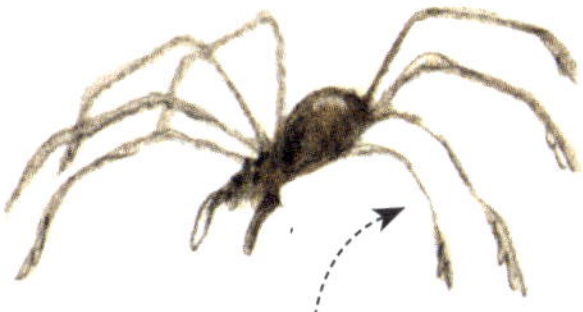

거미 — 여덟 개의 다리

달팽이 — 달팽이는 껍데기가 있어요. 축축하고 미끈미끈한 몸통에 다리가 없어요.

개미 — 작고 어두운 몸통과 여섯 개의 다리

❗ 발견한 곤충을 만지거나 곤충의 보금자리를 건드리지 않도록 주의해요. 곤충이 위협을 느끼면 물거나 쏘아 다칠 수 있어요.

곤충 관찰하기

곤충이 좋아하는 환경을 만들어 곤충을 끌어 모아요. 그러면 곤충을 가까이에서 관찰할 수 있지요. 곤충은 식물의 성장을 돕기도 하고, 새나 다른 동물들의 먹이가 되기도 해요.

꽃 기르기

벌과 나비는 들꽃과 허브 등 꽃 속에 있는 달콤한 꽃꿀을 빨아먹어요. 벌과 나비가 좋아하는 식물들을 길러 보아요. 어떤 식물을 길러야 할지 고민이 된다면 인터넷에서 관련된 정보를 찾아보거나 근처 꽃집에 가서 조언을 구해 보세요.

벌이 좋아하는 꽃은 박하, 마조람, 오레가노, 라벤더, 차이브 등이에요.

벌과 나비는 꽃가루를 몸에 묻혀 다른 꽃에 옮겨요. 이 과정을 '수분'이라고 해요. 꽃가루가 옮겨 붙으면 씨앗이 트고 꽃이 피어요.

금영화
라벤더
옥스아이 데이지
차이브

벌집 만들기

화분을 뒤집어서 벌집을 만들어 보아요.

화분 크기만큼 땅을 얕게 판 다음 바닥에 풀을 깔아요. 그 위에 화분을 거꾸로 세워 놓아요.

❗ 완성된 벌집을 만지거나 들여다보면 안 돼요. 벌집을 건드리면 벌이 나와서 쏠 수도 있어요.

벌을 가까이에서 관찰하기 위해 벌이 좋아하는 꽃의 씨앗을 심어 보아요. 씨앗 한 봉지를 퇴비 위에 뿌려 주세요. 그다음, 씨앗 위에 퇴비를 다시 한 번 얇게 뿌려요. 주기적으로 물을 주어 씨앗이 잘 자라도록 해요.

펜이나 연필 끝으로 오렌지 조각에 구멍을 뚫어요. 구멍에 끈을 통과시키고 매듭을 지어요.

오렌지를 매단 끈을 나뭇가지에 달면 나비가 달콤한 오렌지 향을 따라 날아올 거예요.

부들레아는 작은 꽃송이들이 탐스럽게 핀 꽃이에요. 나비들이 부들레아의 꿀을 좋아해서 부들레아를 '나비꽃'이라고 부르기도 해요.

우거진 풀숲

동물과 곤충은 풀숲에서 먹이를 찾고 보금자리를 마련해요. 그래서 풀이 무성하게 자란 곳은 건드리지 않고 그대로 두어야 해요.

애벌레는 쐐기풀 같은 식물을 먹고 살아요. 애벌레는 새들의 먹이가 되지요.

잠자리와 실잠자리는 풀잎에 내려앉아서 쉬어요.

은신처 만들기

달팽이, 개구리처럼 작은 동물들이 좋아하는 축축한 은신처를 만들어요.

땅에 작은 구덩이를 파고, 그 위를 작은 돌이나 벽돌, 타일로 반쯤 덮어요.

오래된 나무 놓아두기

나무좀 벌레는 오래되어 썩은 나무를 파고들어요.

오래된 통나무나 나무껍질 조각을 그늘진 구석에 놓아두면 나무좀을 볼 수 있을 거예요.

들새 관찰하기

숲에는 다양한 종류의 새들이 있어요. 새의 크기, 무늬 등 특징을 주의 깊게 살펴보고 어떤 종류인지 맞혀 보아요. 특징을 수첩에 적거나 스케치해 두면 나중에도 기억할 수 있지요. 아래에서 새의 특징에는 어떤 것들이 있는지 살펴보아요.

새가 좋아하는 환경을 만들어 놓으면
새를 좀 더 가까이에서 관찰할 수 있어요.

새 모이통 만들기

겨울과 초봄에는 먹이를 구하기 힘들기 때문에
모이통을 놓으면 새가 자주 날아들 거예요.
손쉽게 모이통을 만드는 방법을 따라해 보아요.

휴지를 다 쓰고 남은 심에 땅콩버터를 발라요.
이것을 새 모이나 해바라기 씨 더미에 굴려요.
완성된 새 모이통을 나뭇가지에 끼워 놓거나
끈에 매달아 걸어 두어요.

새 물통 놓기

새들이 마시거나 몸을 씻을 수 있게
낡은 쟁반이나 접시에 물을 채워서 놓아 주세요.

새가 물을 마시다가 온몸이 젖어 추워질
수 있어요. 물통에 나뭇가지를 걸쳐 놓으면
새가 그 위에 앉아 물을 마실 수 있지요.

물통 바닥에 자갈이나 모래를
깔아 놓으면 더 자연스러워 보여요.

둥지 재료 준비하기

봄이 되면 새들이 둥지를 만들기에
좋은 재료들을 눈에 띄지 않는
곳에 모아요.

잔가지

이끼

낙엽

풀

27

나무가 자라면서 나무줄기에 둥근
고리 모양의 나이테가 여러 개 생겨요.
일 년 동안 하나의 나이테가 만들어지기
때문에 나이테를 세면 나무가 몇 살인지
알 수 있어요. 나무 그루터기를 찾아 나이테를
살펴보고, 그 나무가 몇 살인지 알아보아요.

나이테

나무 관찰

나무는 씨앗부터 버섯, 곤충, 새까지 다양한 생물들의 보금자리가 되어 줘요. 숲 속은 물론 도시에서도 볼 수 있는 다양한 종류의 나무와 열매, 씨앗을 구분하는 방법을 살펴보아요. 그다음, 숲 속에서 할 수 있는 흥미로운 활동들을 알아보아요.

☆ 나무 살펴보기
☆ 씨앗과 열매 관찰하기
☆ 나무줄기 관찰하기
☆ 나무 밑동 주변 살펴보기
☆ 숲 속 장애물 통과하기
☆ 가는 길 표시하기
☆ 자연적인 표식 찾기
☆ 미술 활동하기

나무 살펴보기

나무의 종류를 알아내는 가장 쉬운 방법은 잎을 살펴보는 거예요. 잎을 찾아 잎의 생김새를 스케치하고 질감 등의 특징을 적어요. 그리고 어떤 나무의 잎인지 알아보아요. 잎의 어떤 특징들을 살펴보아야 하는지 아래에서 알려 줄 거예요.

상록수는 일 년 내내 잎이 지지 않는 (보통 2~3년 만에 잎이 떨어지는) 나무예요. 상록수의 잎은 일반적으로 두껍고 매끄럽거나 바늘처럼 뾰족하게 생겼어요.

두껍고 윤기가 도는 잎

떡갈나무 잎처럼 가장자리가 갈라지는 잎을 '갈래잎'이라고 해요.

호랑가시나무는 상록수예요.

어떤 나무들은 겨울이 다가오면 잎이 떨어져요. 이런 나무들을 '낙엽수'라고 불러요.

뾰족한 잎 가장자리

바늘 모양

너도밤나무 잎처럼 반듯한 잎맥을 따라 굴곡진 잎도 있어요.

침엽수는 나뭇가지에 작은 잎이 촘촘하게 나 있어요.

물푸레나무는 작은 잎들이 간격을 두고 여러 장 모여 한 장의 잎을 이루어요.

단풍나무 잎은 잎 가장자리가 깊숙이 갈라져 손처럼 생겼지요.

나뭇잎의 특징을 보고 어떤 종류의 나무인지 알아냈나요?

손 모양

장애물 넘기, 표식 만들기

숲의 장애물을 뛰어넘고, 지나온 길을 표시하면서 숲 속을 탐험해 보아요.

숲 속 장애물 통과하기

숲의 곳곳에는 쓰러진 나무 기둥이나 그루터기, 웅덩이와 같은 장애물들이 있어요. 장애물을 재미있게 넘을 수 있는 방법들을 살펴보아요. 장애물을 넘을 때는 주위를 꼭 살피고, 낮고 작은 장애물만 넘으면서 다치지 않도록 주의해요.

그루터기 위에서 중심 잡기
낮은 그루터기 위에 한 발로 중심을 잃지 않게 서 있어요.

그루터기로 뛰어오르기
두 팔을 뒤로 펼치고 무릎을 굽혀요. 팔을 앞으로 휘두르며 단숨에 뛰어올라 그루터기 위에 올라서 보아요.

쓰러진 통나무 뛰어넘기
통나무를 향해 달린 다음, 통나무 위에 두 손을 얹고 몸을 위로 밀어 올리며 통나무를 뛰어넘어요.

물웅덩이 멀리뛰기
멀리서 달려와 도움닫기를 한 다음, 한쪽 다리로 뛰어올라 널찍한 물웅덩이를 뛰어넘어 반대쪽 다리로 물웅덩이의 건너편에 착지해요.

가는 길 표시하기

여럿이 숲에 갔다면 편을 둘로 나눈 다음, 다른 편이 따라올 수 있도록 표식을 만들어서 길을 안내해 보아요. 아래에서 표식을 남기는 방법을 살펴보아요.

오른쪽으로 가요.

왼쪽으로 가요.

나뭇가지나 돌처럼 숲에 있는 물건들로 손쉽게 표식을 만들 수 있어요. 표식은 다른 것들과 헷갈리지 않도록 눈에 잘 띄는 크기와 모양으로 만들어요.

쓰러진 나무 위를 넘어요.

위험! 쐐기풀이나 가시덤불이 있어요.

예부터 사냥꾼과 탐험가는 이런 표식을 남겨 서로에게 길을 알려 주었어요.

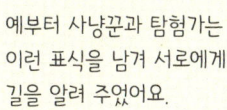

이쪽은 길이 아니에요.

가는 길은 너무 길거나 복잡하지 않은, 짧고 단순한 길이 좋아요.

자연적인 표식

길을 나타내는 또 다른 방법은 쓰러진 통나무나 꽃, 특이한 나무 같은 자연물을 그대로 표식으로 삼는 거예요. 지나가다 보이는 특징적인 지형과 자연물을 기억해 두었다가 다른 편에게 알려 줘요. 그다음, 다른 편이 그 표식으로 길을 찾아올 수 있는지 지켜보세요.

돌을 쌓아 도착 지점을 표시해도 좋아요.

33

미술 활동하기

숲에 있는 것들을 이용해서 미술 활동도 해 보아요.

❗ 미술 활동을 하는 데 필요한 만큼만 가져가고 숲 속 생물들을 방해하지 않도록 해요. 만든 작품의 사진을 다 찍고 자리를 떠나기 전에 재료를 다시 주변에 흩어 놓아요.

쌓아올리기

나뭇가지와 돌을 이용해서 재미있는 조형물을 만들 수 있어요.

다양한 크기의 돌을 모아요. 가장 큰 돌부터 크기 순서대로 쌓아 올려요.

다양한 색깔의 돌들을 빙 두르듯이 쌓아 올려 봐요.

비슷한 크기와 굵기의 나뭇가지를 모아요. 나뭇가지들을 둥글게 쌓아 올려요.

발자국 찍기

발로 땅에 무늬를 찍어 보아요.

진흙이나 모래 위를 걸은 다음, 같은 자리에 다시 발을 디뎌 발자국을 더 깊게 만들어요.

이밖에도 새로운 방법을 찾아서 활동해 보아요.

풀숲에서 한 자리를 여러 번 지나다니면서 흔적을 만들어요.

몸의 윤곽 만들기

친구들과 함께 나뭇가지, 잎, 돌, 몸으로 미술 활동을 해 보아요.

한 사람이 마른 땅에 대자로 누워요. 다른 친구는 누워 있는 친구 주변에 나뭇가지와 잎, 돌 등을 놓아요.

누워 있던 친구가 일어나면 몸의 윤곽이 땅에 남아요.

나뭇잎 동그라미

형형색색의 낙엽들을 모아 동그랗게 만들어 보아요.

❗ 나뭇가지에 달린 잎을 뜯지 말고, 바닥에 떨어진 낙엽을 주워 모아요.

자연물을 이용하는 미술을 '대지 미술'이라고 해요. 영국의 대지 미술가인 리처드 롱과 앤디 골드워시 등은 자연적인 재료로 작품을 만들어 대지 미술을 발전시켰어요.

나뭇가지 무늬

나뭇가지들을 죽 벌여 놓으면 강렬한 느낌의 무늬를 만들 수 있어요.

우주비행사들은 우주선이 추락하여
야생에 고립될 경우를 대비해서
많은 기술들을 훈련해요.
임시로 지낼 거처를 만드는 방법이나
불을 피우는 방법 등을 익히지요.

숲 속 캠핑

텐트에서 며칠간 머무르며 야외 생활을 하는 것은 쉽지 않은 일이에요.
텐트를 칠 장소를 고르는 방법부터 모닥불을 피우는 방법까지,
캠핑에 필요한 정보들을 살펴보아요.

☆ 텐트 치기   ☆ 모닥불로 요리하기
☆ 모닥불 피우기   ☆ 해로 방향 찾기
☆ 나뭇가지 텐트 만들기   ☆ 나만의 지도 만들기
☆ 천 텐트 만들기   ☆ 걸음 수 적기
☆ 삼각뿔 텐트 만들기   ☆ 신호 보내기

야외에서 매듭은 쓰임새가 많아서 만드는 방법을 알아두는 게 좋아요.
이 매듭은 나무나 말뚝에 줄을 연결하는 매듭이에요.
아래 순서와 방법을 따라 41쪽 '텐트 만들기'에 사용해 보아요.

1. 2. 3.

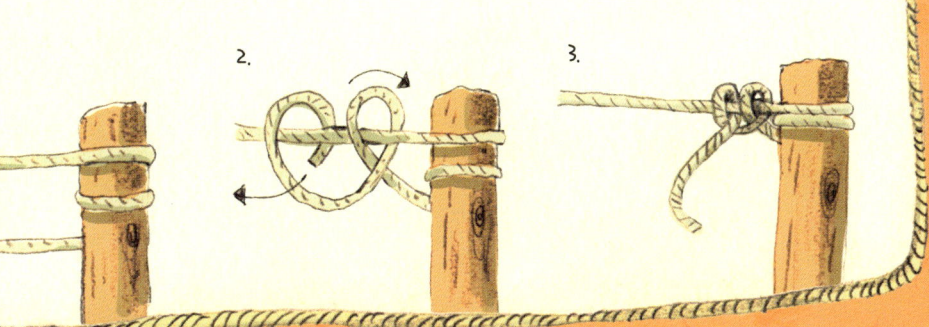

캠핑 준비하기

캠핑 장소를 고를 때 고려해야 할 사항들을 아래에서 살펴보아요.

텐트 치기

텐트를 세우는 것을 '텐트를 친다'고 해요. 텐트를 치기 좋은 장소를 먼저 찾아요.

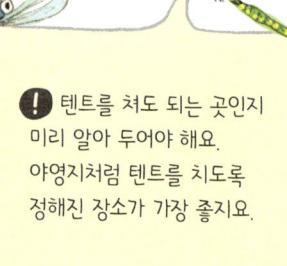

❗ 텐트를 쳐도 되는 곳인지 미리 알아 두어야 해요. 야영지처럼 텐트를 치도록 정해진 장소가 가장 좋지요.

강이나 호수 근처는 벌레가 많고 비가 오면 물이 넘칠 수 있기 때문에 물가에 텐트를 치지 않는 게 좋아요. 만약 비탈에 텐트를 친다면 빗물이 들이치지 않게끔 텐트 문을 아래쪽 방향으로 해서 쳐요. 근처에 씻을 물이 나오는지도 확인해 두어요.

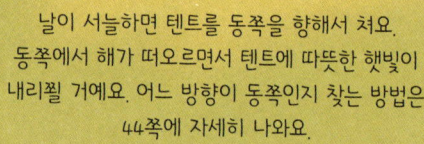

날이 서늘하면 텐트를 동쪽을 향해서 쳐요. 동쪽에서 해가 떠오르면서 텐트에 따뜻한 햇빛이 내리쬘 거예요. 어느 방향이 동쪽인지 찾는 방법은 44쪽에 자세히 나와요.

평평한 바닥을 찾은 다음, 나뭇가지와 돌을 치워서 자리를 정리해요. 나뭇가지를 모으면 땔감으로 사용할 수 있지요(다음 쪽에서 땔감을 쓰는 방법을 살펴보아요).

40~41쪽 설명을 따라 임시 텐트를 만들어 보아요.

더운 날씨에는 그늘진 장소에 텐트를 쳐요. 아침에는 텐트 안이 더워지기 전에 일찍 일어나는 게 좋아요.

모닥불 피우기

불은 몸을 따뜻하게 데우고 밥을 지어 먹는 데 필요해요. 꼭 허락된 장소에서만 불을 피워야 하지요.

준비할 것:
- ☆ 불쏘시개 (1단계에 찾는 방법이 나와요.)
- ☆ 땔감용 나뭇가지
- ☆ 통나무

1. 불이 잘 붙는 마른 재료들을 모아요. 이것들을 '불쏘시개'라고 하는데, 불쏘시개를 먼저 태우면 불을 쉽게 붙일 수 있어요. (고사리, 솔방울, 낙엽, 기다란 풀)

2. 불쏘시개를 쌓은 다음, 그 위에 마른 나뭇가지를 피라미드처럼 세워요.

❗ 이 단계는 어른이 도와줘야 해요.

3. 나뭇가지 안에 성냥이나 라이터로 불을 붙여요.

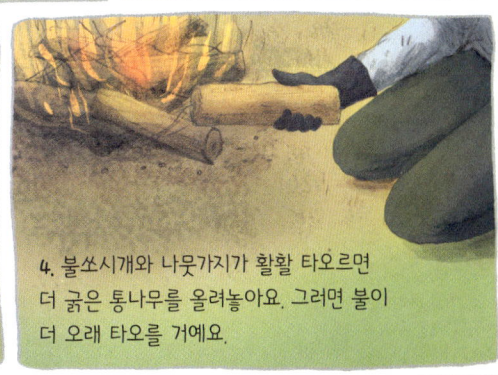

4. 불쏘시개와 나뭇가지가 활활 타오르면 더 굵은 통나무를 올려놓아요. 그러면 불이 더 오래 타오를 거예요.

❗ 모닥불 안전 수칙

불은 아주 위험하기 때문에 아래의 안전 수칙을 꼭 지켜야 해요.

- 어른이 지켜보는 가운데 불을 피워요.
- 불에 너무 가까이 있지 마세요.
- 텐트나 건물 가까이에서 불을 피우지 마세요.
- 불을 끄는 데 쓸 물이나 모래를 주변에 놓아두어요.
- 불에 주의를 기울여요.

텐트 만들기

나뭇가지, 밧줄, 천으로 텐트를 직접 만들어 보아요.

나뭇가지 텐트

나뭇가지만으로도 텐트를 만들 수 있어요.
방법이 간단하고 형태가 잘 잡혀서 야생 탐험가들이 이 방법을 사용하기도 하지요.

준비할 것:
☆ 한쪽 끝이 두 갈래로 갈라진 나뭇가지 두 개
☆ 기다란 나뭇가지 한 개
☆ 다양한 길이의 나뭇가지 여러 개

1. 텐트 입구를 먼저 만들어요. 한쪽 끝이 두 갈래로 갈라진 나뭇가지 두 개를 삼각형 모양으로 만들어 세워요.

2. 기다란 나뭇가지를 그 위에 얹어요. 나뭇가지가 서로 지탱할 수 있도록 해요.

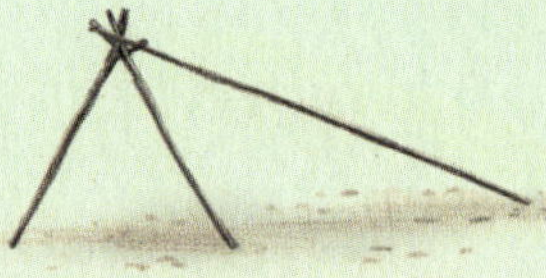

3. 여러 가지 길이의 나뭇가지를 기다란 나뭇가지 위에 얹어서 텐트 옆면을 만들어요.

텐트 옆면을 잔가지와 낙엽으로 덮을 수 있어요. 뼈대 사이에 잔가지를 올리고 그 위를 낙엽으로 덮어요.

완성한 텐트 안에 들어가 보아요.

모닥불 요리

요리를 하기 좋은 모닥불의 상태는 불꽃이 잦아들고 통나무에 열기가 남은 채 달아오른 상태예요.

준비할 것:

☆ 포일
☆ 수저
☆ 집게
☆ 오븐용 장갑

❗ 불을 피우기 전에 39쪽 안전 수칙을 반드시 먼저 읽어요.

불꽃이 다 잦아들어야 해요.

통나무가 흰 재에 덮인 채 붉게 달아올라야 해요.

장작개비의 불이 이글이글 핀 부분을 '잉걸불' 또는 '불잉걸'이라고 해요.

❗ 뜨거운 음식을 다룰 때는 꼭 오븐용 장갑을 끼고, 불에서 무엇을 꺼내거나 넣을 때는 집게를 사용해요.

마시멜로 쿠키 만들기

재료:

☆ 마시멜로
☆ 쿠키
☆ 꼬챙이

1. 마시멜로를 꼬챙이 끝에 끼워요. 불 위에서 마시멜로를 약 15초간 천천히 돌려요.

2. 뜨거운 마시멜로를 꼬챙이에 끼운 채로 쿠키 위에 놓아요. 다른 쿠키를 마시멜로 위에 얹고 꾹 눌러요. 그런 다음에 꼬챙이를 빼내요.

감자 굽기

재료:
- ☆ 큼직한 감자 한 개
- ☆ 버터

1. 칼을 이용해서 감자를 반으로 썰어요. 감자 반쪽에 버터 한 숟갈을 바르고 나머지 한 쪽을 그 위에 포개요.

2. 포개진 감자를 포일로 단단히 감싸요. 오븐용 장갑을 끼고 집게로 감자를 불 속에 조심스레 넣어요.

3. 20분 동안 감자를 익힌 다음, 감자를 뒤집어 다시 20분 동안 익힌 뒤에 꺼내요.

4. 오븐용 장갑을 낀 채로 감자를 눌렀을 때 부드러우면 먹기 좋게 익은 거예요. 아직 딱딱하다면 감자가 다 익을 때까지 다시 익혀요.

5. 감자를 10분 동안 식혀요. 포일을 벗기고 포일을 접시 삼아 감자를 먹어요. 갈은 치즈를 뿌려 먹어도 좋아요.

옥수수 굽기

재료:
- ☆ 겉껍질을 벗기지 않은 옥수수
- ☆ 버터

1. 겉껍질을 벗기지 않은 옥수수를 물에 한 시간 동안 담가요.

2. 옥수수를 포일로 감싸요. 오븐용 장갑을 끼고 집게로 옥수수를 불 속에 넣어요.

3. 20~25분 후, 옥수수를 불에서 꺼내서 10분 동안 식혀요.

4. 조심스럽게 포일과 겉껍질을 벗긴 다음 옥수수를 먹어요. 버터 한 숟갈을 발라서 먹어도 좋아요.

❗ 불을 사용한 뒤에는 물이나 모래를 뿌려서 불을 꺼요. 사용한 도구와 쓰레기는 버리지 말고 도로 가져가요.

길 찾기

자연에서 길을 걸을 때, 자연물을 이용하면 방향을 찾아 나아갈 수 있어요.
그래도 지도는 꼭 들고 다녀야 해요.

멀리서도 눈에 띄는 것들이 무엇인지 메모해 두어요.

노을

해와 달은 모두 동쪽에서 떠올라 서쪽으로 져요.

해로 방향 찾기

화창한 날에는 해의 움직임을 이용해서 방향을 찾을 수 있어요.

준비할 것:
- ☆ 해가 잘 드는 공터
- ☆ 1미터 이상의 나뭇가지나 막대기
- ☆ 돌 두 개

1. 땅에 막대기를 꽂고 막대기의 그림자가 끝나는 부분에 돌을 놓아요.

첫 번째 돌

2. 20분 동안 기다려요. 그림자가 끝나는 부분에 두 번째 돌을 놓아서 그림자가 바뀐 위치를 표시해요.

3. 왼발을 첫 번째 돌 옆에 두고 오른발을 두 번째 돌 옆에 두어요. 그때 바라보는 방향이 북쪽이에요.

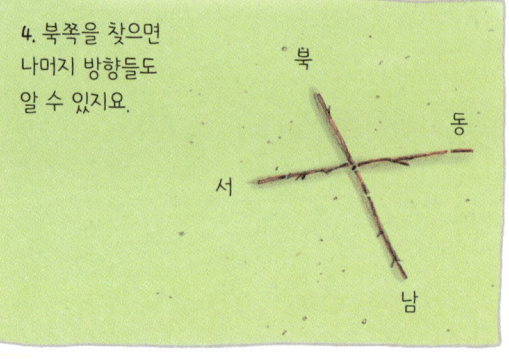

4. 북쪽을 찾으면 나머지 방향들도 알 수 있지요.

북 / 동 / 서 / 남

신호 보내기

단어가 아닌 암호를 이용한 신호는 아주 멀리 있는 사람에게도 보낼 수 있기 때문에 자연 탐험가들이 즐겨 사용해요. 이 방법으로 친구들에게 재미있는 비밀 메시지를 보낼 수도 있답니다.

모스 부호

모스 부호는 점과 대시를 조합해서 알파벳을 나타내는 신호예요. 어둠 속에서 불을 껐다 켰다 하면서 모스 신호를 보낼 수 있어요.

불이 잘 보이는 자리에서 신호를 보내요.

⚠ 절대로 다른 사람의 눈을 향해 불을 비추지 마세요.

신호를 이해하기 위해서는 모스 부호의 해독 표와 노트, 필기구가 필요해요.

- 점은 1초 동안 번쩍이는 불빛이에요.
- 대시는 3초 동안 번쩍이는 불빛이에요.

글자 사이에는 2초 쉬고, 단어 사이에는 5초 쉬어요.

모스 부호 해독 표

수기 신호

수기 신호는 바다에서 배들이 서로 신호를 보낼 때 사용해 왔어요. 신호를 보내는 사람은 동작을 달리 하면서 각각의 알파벳을 나타내요. 주로 양 손에 깃발을 들고 신호를 보내는데, 장갑이나 두꺼운 종이로 깃발을 대신할 수도 있어요.

단어를 만들어 보고, 간단한 문장도 만들어요.
모스 부호와 수기 신호 중 어느 것이 더 어려운지 얘기해 보아요.

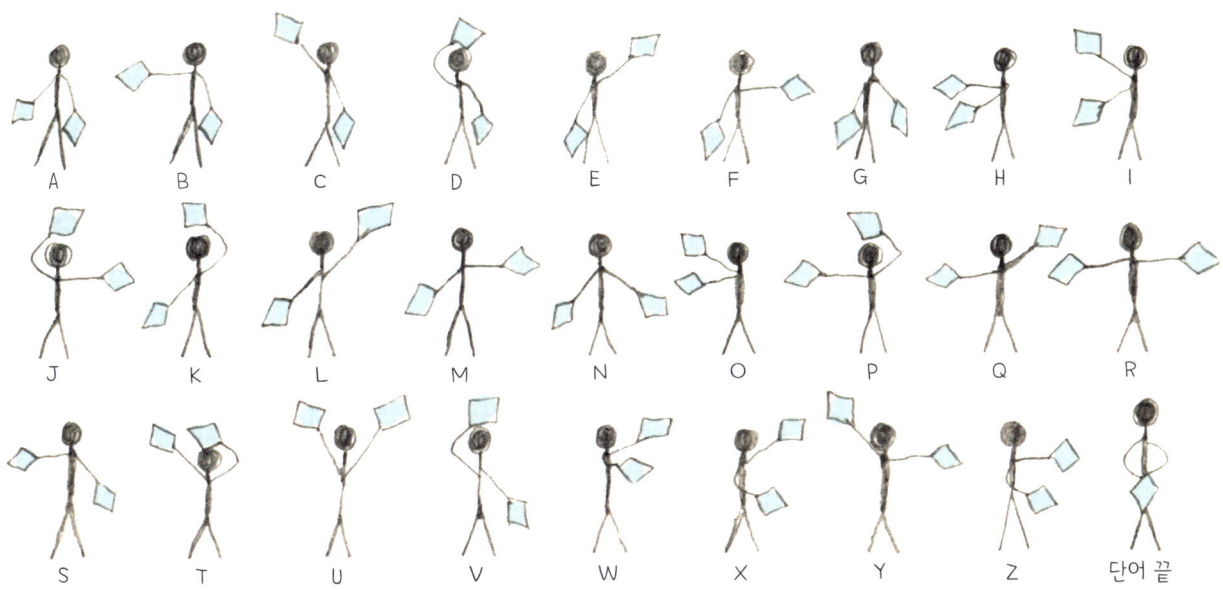

나만의 암호 만들기

모스 부호와 수기 신호를 익힌 다음에는 소리를 내거나 동작을 표현해서 나만의 비밀 암호를 만들어 보아요. 아래 방법에서 아이디어를 얻어요.

몸을 낮춰.

앞에 동물이 있어!

부엉부엉

발을 구르는 시늉

조심해!

암호를 만들 때는 뜻을 잘 이해할 수 있도록 명확하고 다른 암호와 구별되게 만들어요.

어떤 사람들은 나무의 잎을 보면
날씨를 예측할 수 있다고 생각해요.
단풍나무나 너도밤나무 같은
낙엽수의 잎들이 돌돌 말리기
시작하면 곧 비가 올지도 몰라요.

날씨에 맞는 활동

날씨에 따라 할 수 있는 다양한 활동들을 살펴보아요.

☆ 구름 관찰하기
☆ 구름으로 날씨 예측하기
☆ 우량계 만들기
☆ 진흙에 사는 생물 관찰하기
☆ 미니 이글루 만들기
☆ 한 명씩 숨기 게임하기
☆ 장애물 코스 시합하기
☆ 물건 찾기 게임하기
☆ 성 지키기 게임하기

공기 중 물방울에 햇빛이 비치면 무지개가 나타나요. 비가 세차게 내리는 동시에 해가 비칠 때 무지개를 볼 수 있을 가능성이 가장 높아요.

구름 관찰하기

탁 트인 장소를 찾아 하늘을 올려다보아요. 구름이 보이나요?
구름에는 종류가 다양해요. 아래에 나온 설명을 살펴보고 구름을 찾아보아요.

권운
섬유처럼 성긴
모양의 하얀 구름

권층운
엷게 드리워 해가
흐릿하게 비치는 구름

난층운
두껍고 짙게
드리운 구름

선 같은 구름은 '비행운'이에요.
비행기가 지나며 만들어요.

층운
안개처럼 낮게
드리운 옅은 구름

적운
밑은 평평하고 꼭대기는
솜처럼 뭉실뭉실한 하얀 구름

적란운
하늘에 수직으로
피어오른 짙은 구름

구름으로 날씨 예측하기

일기 예보가 생기기 전에는 아침에 뜬 구름을 보고 그날의 날씨를 예측했어요. 직접 구름으로 날씨를 예측해 보고, 예측이 얼마나 맞는지 확인해 보아요.

층운과 난층운
이슬비나 눈이 내릴 수 있어요.

권층운
이슬비가 내리거나
안개가 낄 수 있어요.

권적운
희고 작은 덩이가
촘촘히 흩어진 구름

권운과 고적운
날씨가 변덕스러울 수도 있어요.

적운
구름이 더 커지면 비가 올 수도 있고,
하루 종일 같은 크기라면
맑을 수 있어요.

적란운
큰비나 우박이 쏟아지고,
심지어 천둥과 번개가
칠 수도 있어요.

고적운
크고 둥글둥글하게
덩어리진 구름

❗ 태양을 똑바로 쳐다보면
안 돼요. 햇빛이 너무 강해서
눈을 다칠 수 있거든요.

비나 눈이 오는 날

비나 눈이 오는 날에 어떤 활동들을 할 수 있는지 살펴보아요.
밖에 나갈 때 우비를 입으면 편하게 활동할 수 있답니다.

우량계에 받은 빗물을 관찰한 다음에는 식물에게 물을 주는 데 사용해요.

우량계 만들기

우량계는 비가 내린 양을 재는 도구예요.
집밖에 일주일 동안 놓아두어 비가 얼마나 내렸는지 알아보아요.

준비할 것:
☆ 플라스틱 컵 한 개
  (뚜껑이 둥글고 가운데에
   구멍이 난 컵이 가장 좋아요.)
☆ 작은 돌멩이
☆ 유성 사인펜
☆ 자

돌멩이는 컵이 쓰러지지 않도록 해 줘요.

1. 컵에 돌멩이를 넣은 다음 돌멩이가 잠길 정도로 물을 부어 주세요. 그다음, 뚜껑을 거꾸로 뒤집어 닫아요.

2. 물 높이를 눈금으로 표시하고, 센티미터와 밀리미터도 표시해요.

3. 우량계를 밖에 놓아요. 비가 오고 나서 물 높이를 확인해요.

진흙에 사는 생물 관찰

어떤 동물들은 축축한 장소와 날씨를 좋아해요.
빗속에서 동물들을 찾아보아요.

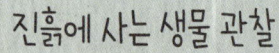

새들은 비가 오면 모습을 드러내는 지렁이와 곤충을 잡아먹어요.

개구리는 젖은 피부로 호흡하기 때문에 비 오는 날에 가장 많이 볼 수 있어요.

지렁이는 땅이 젖으면 바깥으로 나와 기어 다녀요.

달팽이

민달팽이

눈 오는 날

공기가 차가워지면 구름 속 수분이 얼어붙어서 눈으로 내려요.
눈이 쌓이면 익숙했던 장소도 아주 새롭게 보이지요.

눈꽃은 아주 예쁘고 모두 다르게 생겼어요. 돋보기로 눈꽃을 살펴보아요.

고드름은 눈이 녹아 흐르다가 다시 얼면서 만들어져요.

눈이 많이 내리고 바람이 불면 눈 더미가 쌓이기도 해요.

눈에 찍힌 동물 발자국을 찾았다면 22쪽에 나온 발자국을 보고 어떤 동물의 발자국인지 알아 맞혀 보세요.

서리는 아주 작은 물방울이 얼어붙으면서 생겨요. 서리는 식물이나 창문에 무늬를 만들기도 하지요.

미니 이글루 만들기

눈이 쌓이면 눈으로 작은 이글루를 만들어 보아요.

준비할 것:

☆ 아이스크림 통 같은 네모난 플라스틱 통
☆ 따뜻한 옷과 장갑

5. 눈 벽돌로 이글루의 꼭대기를 막아요.

1. 통 안에 눈을 담고 꾹 눌러서 눈 벽돌을 만들어요.

2. 눈 벽돌을 둥글게 놓아 기초가 될 토대를 만들어요.

3. 토대 위에 눈 벽돌을 쌓아요. 올라갈수록 안쪽으로 살짝 들어가도록 쌓아요.

4. 눈을 벽돌 사이에 발라 틈을 메워요.

화창한 날

야외에서 여럿이 할 수 있는 여러 가지 놀이가 있어요.
비나 눈이 내리지만 않는다면 널찍한 야외 어디서든 즐길 수 있지요.

한 명씩 숨기

30초 동안 한 사람이 몸을 숨겨요. 나머지 사람들은 모두 숨은 사람을 찾아요. 찾아낸 사람은 처음 숨은 사람과 함께 같은 장소에 숨어요. 마지막까지 숨은 사람들을 찾아다니는 사람이 꼴찌고 다음 게임에서 맨 처음 숨어요.

> 숨는 범위가 너무 넓으면 찾기 어려워요. 공원의 일부분처럼 일정한 구역을 정한 다음 게임을 시작해요.

나무에 묶은 밧줄 아래로 림보를 하며 지나가요.

장애물 코스

집에 있는 물건들을 이용해 장애물 코스를 만들어 보아요. 한 명씩 코스를 모두 통과하는 시간을 재서 누가 가장 빨리 통과하는지 시합해요.

사용할 수 있는 것들:
- ☆ 밧줄이나 끈
- ☆ 천
- ☆ 양동이
- ☆ 훌라후프
- ☆ 공

훌라후프를 뛰어넘어요.

그루터기에 뛰어올라요.

결승선까지 깡충깡충 뛰어요.

그다음, 양동이에 공을 던져 넣어요.

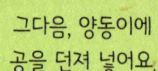

밤에 활동하는 동물을
'야행성 동물'이라고 해요.
야행성 동물은 밤에 먹이를
잡으러 다니지요. 더운
지역의 동물은 밤에 열을
식히러 나오기도 해요.

야간 관찰

밤에 다니는 동물들을 찾아보기도 하고,
반짝이는 별을 자세히 바라보기도 해요.

☆ 야행성 동물 관찰하기
☆ 나방 관찰하기
☆ 동물의 눈동자 찾기
☆ 달팽이 흔적 찾기

☆ 별자리 관측하기
☆ 달 관측하기
☆ 행성 관측하기
☆ 별똥별 관측하기

야행성 동물 관찰하기

사람들이 잠자는 시간에 어떤 동물들은 잠에서 깨어나요.
어른과 함께 밤에 활동하는 동물들을 관찰하러 나가 보아요.

밤에 산책하기

해가 졌을 때 따뜻한 옷을 입고 손전등을 챙겨 집을 나서요.
가끔 멈춰 서서 손전등을 끄고 몇 분 동안 가만히 있어 보아요.
무엇이 보이고 어떤 소리가 들리나요?

박쥐
박쥐는 물가나 풀밭에서 곤충을 잡으러 날아다녀요. 빠르게 내려오는 박쥐들의 검은 몸통을 찾아보아요.

"부우엉!" "부우엉!"

올빼미
올빼미는 먹이를 사냥하기 위해 풀밭 주변을 낮게 날아요. 올빼미는 소리로 쉽게 찾을 수 있어요.

곤충
곤충들은 빛이 있는 곳을 좋아해요. 가로등 밑에서 윙윙거리는 벌레 소리에 귀를 기울여 보세요.

"개굴개굴!"

개구리와 두꺼비
물가의 젖은 풀 사이로 개구리와 두꺼비를 찾아보아요. 어떤 울음소리를 내는지 들어 보아요.

어떤 동물은 스스로 빛을 만들어요. 풀숲에서 반딧불이 내는 아주 작은 불빛을 볼 수 있지요.

귀뚜라미는 밤에 시끄럽게 울어요. 귀뚜라미는 날개를 아주 빠르게 비벼 소리를 낸답니다.

"아우우~"

여우
여우는 시골은 물론 도시에서도 살 수 있어요. 여우의 높은 울음소리를 들어 보세요.

별 관측하기

구름이 거의 없는 밤하늘에서 별과 달부터 행성과 별똥별까지 찾아보아요.
밝은 도시에서 떨어진 시골에서 별을 가장 잘 볼 수 있어요.
반드시 어른과 함께 밖에 나가도록 해요.

장소와 계절에 따라 볼 수 있는 별이 달라요. 어떤 별을 볼 수 있을지 미리 알아보고 별을 보러 나가요.

별자리

옛날 사람들은 별을 특정한 모양으로 묶어서 별자리를 만들었어요. 가장 대표적인 몇 가지 별자리들을 아래에서 살펴보아요.

이 별은 '베텔기우스'로, 오리온자리를 이루고 있는 거대한 별이에요.

오리온자리는 방패와 검을 든 사람처럼 생겼어요. 그리스 신화에 등장하는 사냥꾼 '오리온'에서 이름을 땄지요.

가장 밝은 별

밤하늘에서 가장 밝은 별은 '시리우스'예요. 시리우스는 고대 그리스어로 '빛나는'이라는 뜻이에요.

밝게 빛나는 '북극성'은 북극에 위치해 있어요. 그래서 북극성이 있는 방향은 곧 북쪽이지요.

북두칠성의 이 지점에서 위로 올라가면 북극성을 찾을 수 있어요.

'남십자성'이라고도 불리는 남십자자리는 남쪽 하늘에 떠요.

북두칠성 또는 큰곰자리

별을 보는 방법

따뜻하게 옷을 껴입고 담요를 챙겨 나가요.
탁 트인 공터에 앉거나 누워서 하늘을 올려다보아요.
주변의 불을 모두 끄면 더 많은 별들을 볼 수 있어요.

달

달은 지구 둘레를 도는 거대한 덩어리예요.
빛나는 것처럼 보이지만 사실은 태양의 빛을
반사하고 있는 것이지요.

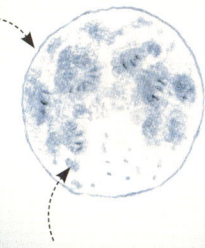

보름달이
떴어요.

달의 어두운 부분은 '바다'라고 불러요.
화산 분출로 인한 용암으로 이루어졌어요.

달이 지구 둘레를 이동하면서
태양 빛을 받는 부분이 바뀌어요.
그래서 달의 모양이 다르게 보이지요.
아래처럼 다양한 모양의 달을 볼 수 있어요.

초승달	반달	보름달

행성

행성은 별처럼 반짝이지는
않아요. 이러한 특징으로 행성과
별을 구별할 수 있어요.

화성은 불그스름해요.

목성은 커다랗고
밝은 별과 비슷해요.

별똥별

별똥별은 우주 공간을 떠도는 암석이나
먼지가 지구의 대기 안으로 들어오면서
대기와 마찰로 불타오르는 현상이에요.
우리 눈에는 기다란 흰 선으로 보여요.

금성은 하얀 점처럼 보여요.
새벽하늘에 보일 때는
'샛별'이라고도 하고, 해질녘에 보일
때는 '개밥바라기 별'이라고도 해요.

낱말 풀이

책 속의 낱말 가운데 꼭 알아 두어야 할 낱말들의 뜻을 모았어요.

고적운: 크고 둥글둥글하게 덩어리진 구름

권운: 섬유처럼 성긴 모양의 하얀 구름

권적운: 희고 작은 덩이가 촘촘히 흩어진 구름

권층운: 면사포처럼 엷게 드리운 구름

길 찾기: 자연물이나 표식, 지도 등을 이용해 방향을 찾아 가는 일

꽃가루: 꽃 속 수술에서 만들어지는 생식 세포

꿀: 벌과 나비 등 곤충이 빨아먹는, 꽃 속 달콤한 액체

나침반: 자석 바늘이 남북을 가리켜 동서남북의 방향을 알려 주는 장비

낙엽수: 겨울에 잎이 지는 나무

달: 지구 둘레를 도는 위성

대지 미술: 암석, 토양, 눈 등 자연적인 재료로 작품을 만드는 미술

둑: 강물이나 바닷물이 넘치는 것을 막기 위해 설치한 흙이나 콘크리트 등의 구축물

뗏목: 통나무를 떼로 가지런히 엮어서 물에 띄워 사람이나 물건을 운반할 수 있도록 만든 것

뜰채: 물고기 따위를 건져 올릴 때 쓰는, 그물에 손잡이가 달린 물건

모스 부호: 점이나 대시로 문자를 나타내는 전신 부호

민물: 강, 호수 등과 같이 소금기가 없는 물

바닷물: 바다에 있는 짠 물

방수: 물이 스며들지 못하게 방수제를 바르는 등 처리를 하는 것

별자리: 여러 별을 이은 모양에 신화 속 인물이나 동물, 물건의 이름을 붙인 것

별똥별: 우주 공간의 티끌이나 암석이 지구의 대기권을 지나며 대기와 마찰로 불타는 현상

보름달: 음력 보름날에 뜨는 둥근 달

불쏘시개: 불을 피울 때 불이 쉽게 옮겨 붙도록 먼저 태우는 물건

비행운: 차고 습한 대기 속을 비행하는 항공기가 남기는 가늘고 긴 구름

삼각뿔 텐트: 천과 밧줄로 만든 한쪽이 열린 임시 텐트

상록수: 일 년 내내 잎이 지지 않는 나무

수기 신호: 손에 깃발을 쥐고 동작을 달리 하여 문자를 나타내는 통신 방법

수분: 벌과 나비와 다른 곤충들이 꽃가루를 꽃에서 꽃으로 옮기는 일

씨앗: 식물의 열매 속에 있는, 장차 싹이 터서 새로운 개체가 될 단단한 물질

야생 동물: 산이나 들에서 저절로 나서 자라는 동물

야행성 동물: 낮에는 쉬고 밤에 먹이 사냥 등의 활동을 하는 동물

우량계: 비가 내린 양을 재는 기구

운석: 우주 공간으로부터 지구 표면으로 떨어진 암석

이글루: 눈이나 얼음으로 만든 반구 형태의 집

잉걸불(불잉걸): 벌겋게 달아오른 숯불이나 장작개비의 불덩어리

조류: 밀물과 썰물이 일어나는 바닷물의 흐름

조수 웅덩이: 만조 때 들어온 바닷물이 간조 때 고이는 물웅덩이

적란운: 하늘에 수직으로 피어오른 짙은 구름

적운: 밑은 평평하고 꼭대기는 솜처럼 뭉실뭉실한 하얀 구름

층운: 안개처럼 낮게 드리워 층을 이루는 구름

천 텐트: 비를 막아 주는 천과 밧줄로 만든 임시 텐트

초승달: 음력 3~4일경 저녁에 서쪽 하늘에 낮게 뜨는 눈썹 모양의 달

찾아보기

곤충
- 귀뚜라미 58
- 나방 57, 59
- 나비 24, 25
- 딱정벌레 23
- 벌 24, 62, 63

날씨
- 구름 49, 50, 51, 53, 62, 63
- 눈 9, 51, 52, 53, 54, 62, 63
- 비 6, 7, 9, 38, 48, 49, 51, 52, 54, 63

동물
- 개구리 18, 22, 25, 52, 58, 59
- 게 11, 12, 13
- 다람쥐 22, 31, 55
- 달팽이, 민달팽이 52, 59
- 박쥐 58
- 사슴 22
- 여우 22, 58, 59
- 지렁이 13, 52

새
- 둥지 16, 21, 27
- 들새 관찰 21, 26
- 물새 16, 22, 26
- 새 물통 21, 27
- 새 모이통 21, 27

올빼미 31, 58

개울 19, 45
게임 11, 15, 49, 54, 55
깊이 11, 16
꽃 8, 21, 24, 25, 33, 62, 63
나무 13, 21, 23, 25, 28, 29, 30, 31, 32, 33, 37, 41, 48, 54, 55, 62

달 57, 61, 62, 63
대지 미술 35, 62
둑 11, 18, 19, 62
뗏목 11, 17, 62
뜰채 11, 12, 18, 19, 62

막대기 경주 11, 19
매듭 17, 25, 37
모닥불 37, 39, 42
모래 다트 14
모스 부호 46, 47, 62
물건 찾기 게임 55
물수제비 11, 14
미술 활동 29, 34, 35

바닷가 6, 9, 11, 12, 13, 14, 15
발자국 13, 14, 21, 22, 34
밤 13, 56, 57, 58, 59, 61, 63

방향 37, 38, 44, 45, 60, 62
별 57, 60, 61, 62
불쏘시개 39, 62

수기 신호 47, 62
숲 6, 26, 29, 31, 32, 33, 34, 37, 45
씨앗 24, 26, 29, 31, 63

안전 7, 8, 9, 39, 42
야생 동물 관찰 21, 22
양동이 11, 12, 15, 18, 54
잎 17, 27, 30, 31, 35, 48, 55, 62

장애물 29, 32, 49, 54
조류 11, 15, 63
조수 웅덩이 11, 12, 63
지도 6, 37, 44, 45, 62

캠핑 6, 37, 38, 41, 45

텐트 37, 38, 39, 40, 41, 62, 63

표식 29, 32, 33, 62

에밀리 본, 제롬 마틴, 제인 치즘 편집
조이 레이 책임 디자인 · 존 러셀 디지털 편집

The Usborne Outdoor Book

First published in 2016 by Usborne Publishing Ltd., Usborne House, 83-85 Saffron Hill, London EC1N 8RT, England. www.usborne.com
Copyright © 2016 Usborne Publishing Ltd. All rights reserved. No part of this publication may be reproduced, stored in a retrieval system or transmitted in any form or by any means, electronic, mechanical, photocopying, recording or otherwise, without the prior permission of the publisher. The name Usborne and the devices ⚔ are Trade Marks of Usborne Publishing Ltd. UE.
Korean translation copyright © 2017 Usborne Publishing Ltd.

이 책의 한국어판 저작권은 Usborne Publishing Ltd.에 있습니다. 저작권법에 의하여 한국 내에서 보호를 받는 저작물이므로 무단전재와 복제를 금합니다. 어스본 이름과 ⚔는 Usborne Publishing Ltd.의 트레이드 마크입니다.
구입 문의 영업(통신판매) 02)6207-5007 팩스 02)515-2007